AF229362

SOUVENIRS HISTORIQUES

ADOLPHE [illegible]

184[?]

[illegible]

dans le C[illegible]

un Voyage à [illegible]

SON PASSAGE

[illegible] Août — 1er [Septembre]

Adolphe MICHEL

1813

MARIE-LOUISE

dans le Calvados

Son Voyage à Cherbourg

SON PASSAGE A BAYEUX

25 Août — 1er Septembre

GASTON COLAS — BAYEUX

- 1913 -

—

1813

—

MARIE-LOUISE DANS LE CALVADOS

—

SON VOYAGE A CHERBOURG. — PASSAGE A BAYEUX

25 *Août* — 1er *Septembre*

—

Préparatifs du Voyage

Profitant de l'armistice qui marqua la première période de la campagne d'Allemagne, et qui devait se terminer le 10 août 1813, si les bases de la paix n'étaient pas acceptées par les plénipotentiaires français, Napoléon quittait Dresde, le 25 juillet, pour se rendre à Mayence, où l'attendait une cour brillante venue de Paris à la suite de l'Impératrice Marie-Louise.

L'Empereur trouva l'Impératrice désolée, cachant ses larmes au public, mais n'hésitant pas à les répandre devant lui, car elle était sincèrement attachée à son glorieux époux ; elle tremblait pour sa vie et sa fortune, elle craignait, pour elle-même, que la nouvelle déclaration de guerre de l'Autriche ne réveillât en France toutes les haines populaires sous lesquelles avait succombé la malheureuse reine Marie-Antoinette ; elle aurait voulu retenir, dans l'alliance française, son père qu'elle aimait et dont elle était aimée, mais elle ne pouvait pas plus vaincre la tranquille inflexibilité de l'Empereur François, que la fougueuse humeur de Napoléon, et elle faisait ce que font les femmes dans leur impuissance, elle pleurait.

L'Empereur chercha à la consoler en lui donnant des témoignages publics de sa tendresse et lui procura le plaisir de passer quelques jours avec lui. Désirant préparer pour elle une distraction agréable et lui procurer, autant que possible, l'oubli des cruelles inquiétudes du moment, il lui prescrivit un voyage sur le Rhin, de Mayence à Cologne, et décida qu'après avoir passé quelques jours à Paris, elle entreprendrait un voyage en Normandie.

L'avant-port militaire de Cherbourg venait d'être terminé ; l'Empereur voulut que l'Impératrice allât elle-même présider l'imposante cérémonie de l'introduction des eaux de la mer dans le célèbre bassin, commencé sous le règne de Louis XVI.

Napoléon poussa l'attention jusqu'à recommander au prince Cambacérès de la faire partir avant la rupture de l'armistice, afin qu'elle n'apprît les nouvelles hostilités que bien des jours après leur reprise, et peut-être après quelque grand événement capable de la rassurer. Il voulait ainsi distraire, consoler et faire aimer de la France cette jeune femme, mère et tutrice de son fils, régente de l'Empire, s'il venait à succomber sous un boulet ennemi (1).

Le 1er août, l'Empereur quitta Marie-Louise, après l'avoir embrassée en présence de sa cour, et la laissant en larmes, il partit pour la Franconie.

L'Impératrice et sa suite rentrèrent en France, et l'on s'occupa des préparatifs nécessaires pour le voyage de Cherbourg, qui fut fixé, d'abord au 17, puis au 23 du mois d'août.

Des correspondances furent échangées avec les Municipalités des villes qui devaient être traversées par l'Impératrice. Des ordres furent

(1) Thiers. *Le Consulat et l'Empire.*

donnés aux Maires, par les Préfets, afin qu'ils puissent préparer des réceptions dignes de leur Souveraine.

C'est cette correspondance échangée entre M. Guillot (1), sous-préfet de l'arrondissement de Bayeux, et M. Corentin Conseil (2), maire de la ville de Bayeux, qui n'a jamais été publiée, que nous reproduisons ci-après :

EXTRAIT

des dossiers et du registre de correspondance conservés à la Mairie de Bayeux.

17 août 1813.

Le Sous-Préfet aux Maires

(Circulaire imprimée).

Une lettre de M. le Préfet, en date du 16 courant, et que je reçois à l'instant, m'annonce que S. M. l'Impératrice, se rendant à Cherbourg, entrera dans ce département le 20 de ce mois.

Sa Majesté, en parcourant notre arrondissement, recueillera les mêmes témoignages d'amour et de

(1) Le Sous-Préfet de Bayeux était, en 1813, M. Louis-Alexandre-Félix Guillot ; il avait été Maire de Saint-Lo et avait présenté les clefs de cette ville à l'Empereur, le 30 mai 1811, au retour du voyage de Cherbourg : trois jours après, le 2 juin 1811, il fut nommé Sous-Préfet de Bayeux, en remplacement de M. Lalouette. M. Guillot resta en fonctions jusqu'à la chute de l'Empire. Le 16 juillet 1814, il fut remplacé à la Sous-Préfecture de Bayeux par M. Antoine-Marc Genas-Duhomme, Sous-Préfet de Vire depuis 1811, et précédemment Maire de Bayeux depuis le 30 septembre 1805.

M. le Sous-Préfet Guillot était le père de M. Octave-Félix Guillot, Maire de Sully (près Bayeux), décédé en son château, le 28 février 1888. Il avait un autre fils, qui fut le père de M. Gaetan Guillot, propriétaire du château de Saint-Gilles (Manche), inspecteur de l'Association Normande pour l'arrondissement de Saint-Lô. M. Gaetan Guillot est uni par d'étroites relations d'alliance et de parenté à plusieurs des plus honorables familles de notre contrée.

(2) M. Corentin Conseil fut maire de Bayeux de 1812 à 1830.

respect que ses habitants se sont empressés de lui offrir lors de son premier passage.

Mais il est important que vous régliez ces élans de l'allégresse publique, et que vous assuriez l'exécution expresse des dispositions que je veux vous rappeler.

1° Il faut que, dans l'étendue de votre commune, vous preniez les mesures les plus efficaces pour que les mendiants soient écartés des voitures de Sa Majesté, et qu'aucun objet repoussant ne se présente à sa vue.

2° Vous ferez sabler les traversées pavées de la route, s'il s'en trouve dans votre commune ; cette mesure a pour objet de prévenir tout accident ;

3° Vous donnerez l'ordre que l'on fasse disparaître toutes les perches, tous les étendages qui, dans plusieurs localités, présentent l'aspect le plus dégoûtant.

4° Il sera bon que vous déployiez toute la pompe que votre localité comporterait et qui démontrera l'allégresse qui anime les peuples à la vue de leur auguste Souveraine, la saison permet les décorations de verdure, les guirlandes, les couronnes de fleurs.

5° MM. les Maires et les Adjoints des communes, en écharpe, entourés de l'élite de la population de leurs communes respectives, doivent se réunir à l'entrée de leurs communes, pour saluer Sa Majesté et attendre ses ordres, sans retarder sa marche par des harangues. Aux lieux de relais, MM. les Maires se tiendront à la poste, en attendant, dans une tenue respectueuse, que Sa Majesté leur adresse ses ordres, et s'empresseront de procurer à son cortège tout ce qui dépendra d'eux pour la facilité et la commodité du voyage.

6° Vous défendrez expressément de tirer des fusées et des pétards, dont l'explosion pourrait effrayer les chevaux et occasionner des accidents.

7° Toutes les dispositions relatives au cérémonial et prescrites par le décret impérial du 24 messidor an XII, seront ponctuellement exécutées.

8° Partout où la garde nationale serait dans le cas de prendre les armes, vous vous assurerez scrupuleusement qu'il n'y en ait pas de chargées, et vous tiendrez la main à ce qu'il n'y ait que des hommes décemment vêtus.

Au reste Monsieur, votre zèle, votre intelligence, votre désir de plaire à Sa Majesté, supplérait à tout ce que cette instruction sommaire aurait omis de vous indiquer, de vous recommander ou de vous prescrire

Vous voudrez m'accuser réception de la présente.

J'ai l'honneur, etc.

(*Signé*) GUILLOT.

Après la réception de cette circulaire, M. Corentin Conseil s'empresse de transmettre les ordres du Préfet au Commandant de la Garde-Nationale :

18 août 1813.

A M. le Commandant de la Garde-
Nationale,

M. le Préfet, par sa lettre du 16 de ce mois, adressée à M. le Sous-Préfet, annonce l'arrivée de S. M. l'Impératrice, Reine et Régente, dans le département, pour le 20 de ce mois.

Ses instructions portent que partout où la Garde-Nationale prendra les armes, on s'assurera scrupuleusement qu'il n'y en ait point de chargé (*sic*), et on tiendra la main à ce qu'il ne se présente que des hommes décemment vêtus.

Je présume que le passage de Sa Majesté aura lieu le 21. Veuillez, Monsieur, donner des ordres en conséquence pour que la Garde-Nationale soit prête à prendre les armes au premier avis et que la réunion des corps d'officiers ait lieu au moment de l'arrivée de l'Impératrice.

Je vous prie de faire trouver votre adjudant à l'hôtel de ville, le 20 de ce mois, à midi, je lui remettrai les ordres qui pourront m'être donnés pour vous être communiqués.

J'ai l'honneur, etc.

Le Maire,

Corentin CONSEIL.

Le 18 août, le Sous-Préfet demande au Maire de communiquer à M. le Préfet du Calvados les discours qui pourraient être prononcés ; il l'invite à faire présenter, par de jeunes demoiselles, une corbeille de fleurs à l'Impératrice, et lui recommande de faire sabler les rues.

18 août 1813.

Le Sous-Préfet au Maire de Bayeux,

Indépendamment des mesures qui font l'objet de la circulaire que je vous ai adressée aujourd'hui, je dois vous faire part des diverses dispositions ordonnées par M. le Préfet, et qui vous concernent plus particulièrement.

Si rapide que soit le voyage de Sa Majesté, il serait cependant possible que sa bonté extrême la portât à réunir les autorités publiques qui ont droit d'être admises en sa présence, et qu'elle daignât recevoir leurs hommages et leurs compliments. Dans cette supposition, vous devez être préparé, et M. le Préfet me prescrit de vous prévenir de lui communiquer le discours que vous vous proposez d'adresser à Sa Majesté. Ce n'est pas que M. le Préfet ait la prétention de censurer la rédaction des louables sentiments qui vous animent, mais plus particulièrement instruit des intentions du ministère, il est à portée de donner des conseils qui peuvent être importants. D'ailleurs, il faut que vous sachiez que M. le Préfet est rendu responsable de ce qui se dira ou fera dans cette circonstance solennelle.

Dans plusieurs villes, Sa Majesté a daigné agréer l'hommage que de jeunes demoiselles, appartenant aux premières familles du lieu, ont bien voulu lui faire de fleurs ou de fruits. Vous verrez jusqu'à quel point vous pourriez suivre cet exemple.

Vous ne devez pas manquer de faire sabler les rues de votre ville par où Sa Majesté doit passer.

Vous engagerez, par tous les moyens qui sont en votre pouvoir, les habitants de votre ville à décorer leurs maisons de verdure et les rues de guirlandes.

Enfin, vous seconderez, vous provoquerez de

tout votre pouvoir ces témoignages d'amour et de
respect, et vous ne négligerez rien de tout ce qui
peut manifester à Sa Majesté l'allégresse des peuples et leur attachement à notre auguste Souveraine.

J'ai l'honneur, etc.

(*Signé*) GUILLOT.

19 août 1813.

Le Sous-Préfet au Maire de Bayeux,

Monsieur le Préfet, par sa lettre du 18 de ce
mois, me témoigne le désir qu'une vingtaine de
jeunes demoiselles en bavolette, puissent offrir à
Sa Majesté une corbeille de fleurs, l'intention de
M. le Préfet est de leur faire recueillir, cette fois,
la gratification qu'elles n'ont pas eue il y a deux
ans.

Veuillez, Monsieur, faire tout ce qui vous sera
possible pour répondre au vœu de M. le Préfet.

J'ai l'honneur, etc.

(*Signé*) GUILLOT.

En réponse à la première lettre, le Maire
informe le Sous-Préfet qu'il ne pourra réunir
les jeunes filles demandées, les familles aisées
étant, à cette époque de l'année, à la campagne.

19 août 1813.

A M. le Préfet,

Par une lettre que je reçois hier de M. le Sous-
Préfet, il me fait part des diverses dispositions que
vous m'avez ordonnées pour le passage de S. M.
l'Impératrice, et qui me concernent plus particulièrement.

Vous me demandez, Monsieur, de me tenir préparé dans le cas où Sa Majesté daignerait recevoir
les hommages et les compliments des autorités
publiques, qui ont le droit d'être adressées en sa
présence.

La loi du 24 messidor an XII m'ayant prescrit
d'être sur les confins de ma commune, j'espérais

que Sa Majesté daignerait y recevoir les hommages
de la Ville, j'attends, sur cela, vos instructions.

Vous me demandez, M. le Préfet, de vous communiquer le discours que je me propose d'adresser à Sa Majesté. Je ne puis que déférer à vos
ordres, mais comme il est loin de pouvoir souffrir
la critique, je vous prie que ce soit pour vous seul.
Je vous l'adresse sous enveloppe.

Un autre article, Monsieur, de votre instruction,
porte que, dans plusieurs villes, Sa Majesté a agréé
l'hommage de jeunes demoiselles appartenant aux
premières familles. J'aurais bien désiré suivre cet
exemple et trouver assez de demoiselles dans la
classe que vous m'indiquez pour présenter des
fruits et des fleurs à Sa Majesté ; mais toutes les
familles un peu aisées passent cette saison à la
campagne et il ne me reste pas assez de temps
pour les prévenir ; votre lettre d'hier qui me parle
des belles bavolettes qui eurent l'honneur de présenter à Leurs Majestés la robe de dentelle, m'au-
torise à réunir ces jeunes personnes ; on fait
des démarches en ce moment ; quand aux autres
dispositions, elles seront exécutées de point en
point.

Je présume que Sa Majesté va de Bayeux à Isigny, mes mesures sont prises en conséquence.

S'il en était autrement, je vous prie de bien vou-
loir m'en donner avis aussitôt que possible.

Je suis, etc.

(*Signé*) CONSEIL.

Les jeunes filles, dont il est question dans la
lettre ci-dessus, étaient des ouvrières en dentelles,
qui avaient remis à l'Impératrice Marie-Louise,
à son premier passage à Bayeux, le 25 mai 1811,
la corbeille offerte par la ville de Bayeux.

Il y en avait dix-huit ; l'une d'elles, Mademoiselle Adam, avait adressé un compliment à
Sa Majesté.

Les termes de cette lettre laisseraient suppo-
ser que la réception, ayant été trop courte, le
temps aurait manqué à l'Impératrice pour re-
mercier comme elle aurait voulu.

Il paraît plus vraisemblable que l'on ne s'était
pas aperçu, au moment de sa remise, de la valeur du cadeau qui se composait d'un voile en
dentelle destiné à l'Impératrice et d'une robe,
également en dentelle, pour son fils le Roi de
Rome. Ces chefs-d'œuvre de l'industrie den-
tellière bayeusaine représentaient une valeur
d'environ 2,000 fr.

Le même jour, le Sous-Préfet informe le
Maire de Bayeux de la date du passage de
l'Impératrice, et le prie de lui donner un cortège de gardes nationaux, en tenue, pour l'ac-
compagner à l'entrée de l'arrondissement de
Bayeux.

21 août 1813.

Le Sous-Préfet au Maire de Bayeux,

Deux lettres que j'ai reçues de M. le Préfet, sous la
date des 19 et 20 de ce mois, ne m'annoncent rien de
positif sur le jour où S. M. l'Impératrice, Reine et
Régente, passera dans l'arrondissement.

Cependant il résulte, de la lettre la plus récente
de M. le Préfet, que Sa Majesté partira de Paris le
23, pour venir coucher à Caen le 24, et, le 25, à
Cherbourg.

Parmi les différentes instructions que me donne
M. le Préfet, relatives au cérémonial, je remarque
que je dois me rendre sur les limites de mon arrondissement, avec un cortège de gardes nationaux
en uniforme, je vous prie, Monsieur, de donner des
ordres en conséquence, et de faire en sorte que
les vues de M. le Préfet soient remplies.

Il serait possible, mais c'est une simple conjec-
ture, que Sa Majesté prît son déjeuner à Bayeux, le
Palais Episcopal semble, à M. le Préfet, être le lieu
le plus convenable (1). Vous jugerez sans doute à
propos de faire sabler et décorer les rues que S. M.
parcourrait pour y arriver.

M. le Préfet est persuadé que la ville de Bayeux
qui, en 1811, s'est fait remarquer par l'élégance

____

(1) L'Evêque de Bayeux était Mgr Charles Brault.

de sa réception, maintiendra sa réputation. J'aurai soin de vous informer de tout ce qui me parviendra relativement au passage de S. M.

J'ai l'honneur, etc.

(*Signé*) GUILLOT.

En réponse à cette lettre, le Maire regrette d'être obligé d'informer le Sous-Préfet que, seuls, les officiers de la garde nationale sont habillés.

23 août 1813.

A M. le Sous-Préfet,

Par la lettre que vous me faites l'honneur de m'adresser le 21 de ce mois, vous me demandez une escorte de gardes nationaux en uniforme ; il n'en existe pas à Bayeux, les seuls officiers sont habillés ; j'aurais, sans cela, déféré à votre invitation avec grand plaisir.

Je fais exécuter au reste les autres dispositions de votre lettre.

Votre lettre de ce jour me laisse toujours dans la même incertitude sur les rues que doit parcourir S. M. Je crains que cela ne nuise aux décorations pour lesquelles les habitans ont manifesté de l'empressement dès le premier moment.

J'ai l'honneur, etc.

(*Signé*) CONSEIL.

Le Sous-Préfet fait connaître au Maire de Bayeux que le départ de Paris est fixé au 23 août, que Sa Majesté couchera le 23 à Evreux, le 24 à Caen, et qu'elle entrera sur l'arrondissement de Bayeux le 25 au matin.

24 août 1813.

Le Sous-Préfet au Maire de Bayeux,

Je m'empresse de vous apprendre qu'une lettre de M. le Préfet, sous la date du 21, et que je reçois à l'instant, me donne la certitude que le départ de Sa Majesté l'Impératrice. Reine et Régente, est fixé au 23 de ce mois, et qu'il n'est rien changé à l'itinéraire dont je vous ai entretenu par ma lettre du 21 courant, c'est-à-dire que Sa Majesté couchera le 23 à Evreux et arrivera à Caen le 24, qu'il est très probable, pour ne pas dire certain, qu'elle entrera sur le territoire de cet arrondissement le 25 au matin.

M. le Préfet m'assure qu'il m'informera mieux par exprès des dispositions qui contrarieraient celles dont je viens de vous faire part.

Profitez du délai qui vous reste pour prendre vos dispositions les plus complètes et les plus brillantes possibles, faites en sorte que les rues que traversera Sa Majesté soient entièrement ornées de guirlandes. Ce genre de décoration a été employé généralement à Caen, et rien ne pourrait excuser l'insouciance des habitants de Bayeux, s'ils ne s'empressaient pas de témoigner de cette manière leurs sentiments d'amour et de respect envers notre auguste Souveraine dans un pays où la verdure rend les décorations si faciles et si peu dispendieuses.

J'ai l'honneur, etc.

(*Signé*) GUILLOT.

Par une dernière lettre, en date du 24 août, le Sous-Préfet recommande au Maire d'adresser un nouvel appel aux habitants de Bayeux, pour les inviter à décorer toutes les rues que l'on peut présumer être traversées par l'Impératrice.

24 août 1813.

Le Sous-Préfet au Maire de Bayeux,

Votre lettre de ce jour me fait connaître que l'incertitude de la route que tiendra Sa Majesté, nuit aux décorations, je ne puis à cet égard vous donner d'instructions plus précises que celles que je vous ai adressées.

Cependant, Monsieur, cette incertitude ne doit faire rien négliger, et toutes les rues que l'on peut présumer que Sa Majesté parcourra, doivent être également décorées.

Excitez, s'il est besoin, le zèle des habitants de Bayeux, adressez-leur de nouvelles invitations, dites-leur qu'il n'existe plus que quelques heures entre ce moment et celui où il verront arriver leur auguste Souveraine parmi eux, il serait fâcheux que Bayeux, qui s'est fait remarquer, il y a deux ans, par des décorations brillantes, marquât cette fois de l'insouciance.

Votre attachement à Sa Majesté me donne lieu de croire que vous ne négligerez aucuns moyens pour que son entrée sur le territoire de votre ville soit signalée par tous les effets que doit produire l'amour et la reconnaissance.

J'ai l'honneur, etc.

(*Signé*) GUILLOT.

L'insistance de **M.** le Sous-Préfet Guillot se comprend : par ses lettres au Maire de Bayeux, il cherchait à provoquer l'enthousiasme de la population, que les graves événements du moment avaient sensiblement diminué.

Si, en 1811, les habitants des campagnes étaient venus spontanément se joindre à ceux de la ville, pour acclamer l'Empereur et l'Impératrice à leur passage à Bayeux, c'est qu'à cette époque l'aisance existait à leurs foyers. Ils voulaient aussi voir l'homme extraordinaire qui avait su enrayer la Révolution ; celui qui était à l'apogée de sa puissance et dont les armées, en ce moment victorieuses, déployaient l'étendard tricolore dans le monde.

Depuis ce jour, deux années étaient passées qui avaient refroidi le zèle que le peuple avait eu pour l'Empereur.

La mauvaise récolte de 1811 avait été cause d'une disette, presque d'une famine, qui avait ruiné notre pays : au mois de mars 1812, le pain se vendait à Bayeux 6 francs la tourte de 12 livres.

Après la funeste campagne de Russie de 1812, le deuil étant dans beaucoup de familles, les populations normandes étaient devenues moins napoléoniennes.

En 1813, la disette avait cessé, mais d'autres charges incombaient à la ville de Bayeux. Napoléon, qui avait plus que jamais besoin de soldats, venait de faire un appel à la France ; de nouveaux sacrifices étaient demandés aux villes ; le Conseil municipal de Bayeux y avait répondu en votant, le 18 janvier 1813, un crédit de 4,800 fr., pour l'équipement de quatre cavaliers qui seraient offerts à l'Empereur, au nom de la ville, en plus du contingent qu'elle était appelée à fournir.

La Municipalité d'Isigny, sur la demande de son Maire, M. Pierre Pophillat, en faisait autant, elle votait une somme de 1,200 francs, pour équiper le cavalier que leur ville offrait aussi à l'Empereur.

Le Maire de Caen en fit offrir vingt pour l'équipement desquels le Conseil municipal vota un crédit de plus de vingt mille francs.

Tous les jeunes gens pouvant porter les armes venaient d'être appelés sous les drapeaux, les Hospices de Bayeux, dit M. Dédouit dans ses *Souvenirs inédits*, avaient dû fournir de nouvelles recrues aux pupilles de la garde ; les maisons étaient vides, beaucoup d'hommes étaient restés sous les neiges de Russie. L'affection que le peuple avait pour l'Empereur s'évanouissait et la haine naissait. En France, dit M. Thiers, dans l'*Histoire du Consulat et de l'Empire*, on n'osait pas crier : *Vivent les Bourbons !* mais leur souvenir se réveillait peu à peu.

A chaque victoire remportée par l'Empereur, les cloches des églises sonnaient pour le chant du *Te Deum* ; ces sonneries, autrefois joyeusement entendues par les populations normandes, leur causaient alors un effroi. Pour un grand nombre, elles leur annonçaient le trépas de leurs enfants.

L'opinion publique était pour la paix et l'Empereur, en refusant d'écouter les sages conseils d'hommes tels que le duc de Rovigo et M. de Caulaincourt, était obligé de continuer la guerre.

Dans ces conditions, la joie que les populations devaient manifester au passage de la Souveraine, paraissait devoir être commandée.

Entrée de Marie-Louise dans le Calvados

Le 24 août 1813, l'Impératrice Marie-Louise entrait dans le Calvados, en passant par Lisieux, pour se rendre à Caen, où elle devait coucher.

Il était 5 heures de l'après-midi lorsque le cortège de S. M. Impériale fit son entrée dans Caen, par Vaucelles, au bruit du canon et des cloches.

L'escorte passa devant les autorités réunies à l'entrée de la ville, sans s'arrêter, et l'on gagna jusqu'à l'hôtel de Fontenay, habitation de M. Langlois, payeur militaire (aujourd'hui la banque de France, rue Saint-Louis), où l'Impératrice était attendue par le baron Méchin, Préfet du Calvados.

Dans la soirée, Marie-Louise reçut un groupe de dames, elle fut complimentée par Mademoiselle Lentaigne-Logivière, fille du Maire de Caen, à qui elle donna, en souvenir de son passage à Caen, une montre en or portant un chiffre en diamants, suspendue à un collier de perles fines.

Le Préfet avait organisé une fête, dont une partie se tint dans les salons et l'autre dans les jardins de l'hôtel.

Des dames déposèrent, sur les degrés de son trône, le *Bouquet offert à l'Impératrice, Reine et Régente, par le département du Calvados.*

Ces dames, vêtues en paysannes normandes, adressèrent ce récitatif à Marie-Louise :

> Normands, chantez *cette douce puissance,*
> Ce sceptre dont la majesté
> Ne s'annonce au monde enchanté
> Que par la bienfaisance.

Tandis que les dames récitaient ce compliment, une mise en scène allégorique avait été organisée, où la Basse-Normandie était représentée par deux gardes d'honneur qui tenaient par la bride un cheval nommé *Calvados*, offert à l'Impératrice par le département. Ce cheval, avec son harnachement, fut porté en compte pour la somme de 4,586 francs. (Il était ferré d'argent.)

Deux gardes nationaux vêtus en paysans herbageurs de la Vallée-d'Auge, présentèrent un taureau que Marie-Louise n'osa accepter.

Pendant cette réception plutôt grotesque, que M. Gaston Lavalley raconte en entier dans un livre fort intéressant paru récemment (1), une scène bien différente se passait à quelque distance, dans le village de la Maladrerie que l'Impératrice devait traverser le lendemain matin, pour se rendre à Bayeux.

Sous prétexte de porter des consolations à des malheureux, mais en réalité pour faire de l'opposition, le parti royaliste de Caen y allait rendre visite aux condamnés d'une émeute qui avait eu lieu à la halle de Caen, au mois de mars 1812, à cause du prix élevé du blé, et dont plusieurs auteurs, supposés, étaient enfermés à la prison de Beaulieu.

Des voitures de maîtres déposaient à la porte de la geôle des femmes élégantes, qui venaient distribuer des secours aux détenus et leur faire espérer des jours meilleurs (2).

L'opposition n'existait pas seulement parmi les riches, la classe ouvrière ne se prêtant pas aux décorations, le Préfet avait demandé au Maire d'exiger des adjudicataires de l'enlèvement des boues de se tenir à la disposition du

(1) Passage de Marie-Louise à Caen, en 1813
(2) Caen, son histoire, par Gaston Lavalley.

commissaire de police pour enlever tout ce qui
pourrait être nuisible dans la ville. Les adjudicataires ayant refusé le service demandé, le Préfet autorisa le Maire de Caen à requérir des
banneaux dans l'étendue de deux lieues autour
de la ville, et avait menacé les adjudicataires de
les faire mettre en prison.

Réception à Bayeux

Pour se conformer aux ordres transmis par le
Sous-Préfet, quelques jours avant l'arrivée de
l'Impératrice, le Maire de Bayeux avait fait
placarder en ville la proclamation suivante :

Habitans de la Ville de Bayeux,

S. M. l'Impératrice, Reine et Régente, entre
dans le département vendredi prochain, 20 de ce
mois ; son passage à Bayeux, pour aller à Cherbourg, ne peut tarder ; que Sa Majesté reçoive, au
milieu de nous, l'expression des mêmes sentiments
de respect, d'admiration et d'amour que nous lui
devons et qu'elle a trouvé lors de son premier
voyage ; soyez sur le passage de Sa Majesté ; vos
cris répétés lui annonceront la sincérité de vos
vœux ; que les maisons qui bordent les rues de
son passage soient décorées, qu'elles soient cou-
vertes de tapisseries, de guirlandes, de fleurs et
de verdure ; on reconnaîtra, chez les habitans de
Bayeux, le véritable attachement qu'ils portent à
leur Souveraine.

Cette première proclamation était suivie d'un
arrêté prescrivant :

1° L'enlèvement de toute espèce d'embarras
sur la voie publique, notamment dans les rues depuis Saint-Exupère jusqu'à l'extrémité de la ville,
vers Vaucelles, les rues Saint-Loup, de la Poterie,
des Terres.

2° L'enlèvement des enseignes suspendues ou en
saillie sur les rues.

3° La suppression des pots à fleurs sur les croisées et balcons et de l'étendage devant les maisons ; aucune perche ni linge ne devait rester à la vue.

4° L'interdiction de faire circuler des voitures aussitôt que l'arrivée de Sa Majesté serait annoncée.

5° Obligation aux adjudicataires des tombereaux de procéder, pour le 20 du mois, à l'enlèvement des balayures et immondices, avec ordre de renouveler cet enlèvement chaque jour, jusqu'au passage de l'Impératrice.

6° Défense de tirer, lors de son passage, aucuns pétards, fusées ou autres pièces d'artifices ni aucune arme.

7° Ordre de faire sonner les cloches à l'arrivée de Sa Majesté.

8° Ordre aux habitants d'étendre le sable déposé devant les maisons. -- D'illuminer le devant des maisons si le passage avait lieu la nuit.

9° Défense de placer devant les maisons des chaises, tables, bancs ou autres objets pour s'appuyer dessus.

Cet arrêté porte la date du 18 août 1813, et la signature de M. Conseil.

Le 24 août, veille de l'entrée de l'Impératrice à Bayeux, le Maire fit afficher cette dernière proclamation :

Habitans de Bayeux,

Tout nous annonce le passage de S. M. l'Impératrice, Reine et Régente, pour demain matin. Le retard apporté à son voyage, vous a donné le temps nécessaire pour faire vos dispositions et faire éclater votre amour pour notre grand Monarque et son auguste Compagne ; que les rues soient entièrement ornées de guirlandes, que la ville de Bayeux ne le cède pas sur ce point à la ville de Caen, où rien n'a été négligé ; rien ne pourrait excuser une insouciance coupable.

Vos cris répétés sur le passage de S. M. lui annonceront la sincérité de vos vœux.

(Signé) CONSEIL.

Cette proclamation se terminait par le rappel de l'arrêté du 18 du mois, enjoignant d'étendre le sable que la Municipalité avait fait apporter en ville (1).

Les dernières instructions reçues informaient le Maire que l'Impératrice arriverait, à Bayeux, le 25 août dans la matinée, et que, probablement, elle déjeunerait à l'Evêché. Devant cette certitude d'un arrêt dans leur ville, les habitants redoublèrent de zèle pour décorer et pavoiser les maisons devant lesquelles devait passer l'Impératrice.

Dès six heures, M. Conseil, maire, et ses adjoints, MM. Montégu et Le Tellier, recevaient, à l'Hôtel-de-Ville, les membres du Conseil municipal, des Tribunaux civil et de commerce, ainsi que les quatorze jeunes filles chargées de remettre à l'Impératrice la corbeille de fleurs et de fruits qui devait être offerte au nom de la ville de Bayeux (2).

A sept heures, tout le monde officiel étant au complet, le cortège, escorté de cinquante hommes de la garde nationale sédentaire, du commandant et des officiers, se rendit vers l'église Saint-Exupère, où une tente avait été préparée pour permettre aux autorités d'attendre l'Impératrice.

A dix heures, les estafettes envoyées sur la route de Caen ayant signalé l'arrivée de l'escorte, le Maire, à la tête de son Conseil municipal et suivi de tous les fonctionnaires, se porta sur la route, au-devant de l'Impératrice, pour lui présenter les hommages de la ville.

---

(1) Le Maire avait fait apporter en ville 1,020 voitures de sable, à raison de 70 centimes. Elles furent portées en compte pour 716 fr. 10, plus 88 fr. 35 pour le payement du travail des ouvriers.

(2) Cette corbeille figure, dans le compte de dépenses, pour la somme de 172 fr.

« A cet instant, le silence respectueux des habitans se fait remarquer. L'espérance où ils étaient que S. M. daignerait s'arrêter pour recevoir, par l'organe de M. le Maire, les *tributs d'amour, de respect et de dévouement qui lui sont dus* ; mais S. M. ayant continué son chemin, alors les cris chers aux Français se sont fait entendre et ont accompagné S. M. sur sa route, le long des rues Saint-Jean, Neuve et du Planître, jusqu'au Palais épiscopal (1) ».

C'est au son des cloches et des salves d'artillerie, que l'Impératrice Marie-Louise fit son entrée en ville. En arrivant au Planître, elle fut reçue par Mgr Brault, évêque de Bayeux, entouré de son Chapitre, alors que la foule énorme qui se pressait dans la cour de l'Evêché l'acclamait par les cris de Vive l'Empereur ! Vive l'Impératrice ! Vive le Roi de Rome !

Pendant que l'Impératrice déjeunait à l'Evêché, devenu son Palais Impérial, les autorités qui l'avaient attendue à l'entrée de la ville, rentraient à la Mairie où se trouvait le Sous-Préfet. Après s'être concerté avec le Maire, le Sous-Préfet se rendit avec lui à l'Evêché, afin d'obtenir une audience, qui puisse permettre de présenter les autorités et les corps constitués de la ville de Bayeux, qui désiraient offrir leurs hommages à la Souveraine.

Le chambellan de service, après avoir pris les ordres de l'Impératrice, ayant répondu que l'audience serait accordée, les autorités bayeusaines s'empressèrent d'arriver à l'Evêché, dans la cour duquel l'Evêque, entouré du clergé, de la croix, des bannières et du dais, attendait Marie-Louise pour la conduire à la Cathédrale, où elle se proposait d'entendre la Messe.

Les corps constitués ayant été introduits en audience, l'Impératrice, qui était sortie de son

(1) Archives municipales de Bayeux.

appartement, se fit présenter, par un officier du palais, les présidents de chaque groupe et leur adressa la parole.

Marie-Louise, pendant cette réception, était accompagnée de ses dames d'honneur, les duchesses de Montebello, de Castiglione ; de Mesdames les comtesses de Montalivet, de Luçay, de Noailles, etc.; du général Caffarelli et du baron de Cussy, ses écuyers (1).

La réception terminée, Marie-Louise se présenta sur le perron de l'Evêché, au bas duquel on avait fait placer les quatorze jeunes filles chargées de lui offrir la corbeille de fleurs et de fruits, dont la remise n'avait pu être faite à l'entrée de la ville. L'une d'elles, Mlle Glatigny-Potier, adressa un discours à l'Impératrice, elle lui rappela que, la manière affable avec laquelle elle avait daigné recevoir d'elles, à son premier voyage à Bayeux, le produit de leur industrie (2), qu'elles avaient été chargées de lui présenter au nom de la ville, leur faisait espérer qu'elle accepterait encore, cette fois, les fleurs et les fruits qu'elles avaient l'honneur de lui offrir, comme tribut de respect et d'amour des habitans de Bayeux, pour son auguste personne.

S. M. ayant remercié fort aimablement fit prendre la corbeille par un de ses officiers. Etant entrée sous le dais, qui était porté par quatre chanoines, Marie-Louise manifesta le désir d'être entourée des jeunes personnes qui venaient de lui remettre l'offrande de la ville.

Pour se rendre à la Cathédrale, le dais était précédé de l'Evêque et du clergé ; les autorités de la ville suivaient les dames d'honneur. C'est dans cet ordre que le cortège entra, dans la Cathédrale, par la porte latérale.

(1) M. de Cussy montra le plus noble dévouement à l'Impératrice après les revers de l'Empire, et la suivit à Parme.
(2) Des dentelles.

La haie était formée par un détachement de la garde d'honneur du département et de la garde nationale de Bayeux. Un fauteuil, pour l'Impératrice, avait été placé dans le sanctuaire ; aussitôt que S. M. y eut pris place, les portes de la Cathédrale furent ouvertes, afin de permettre à la foule d'assister à la Messe, que célébra Mgr Brault.

La Messe terminée, l'Impératrice et toute sa suite traversèrent la grande nef de la Cathédrale, pour regagner le Parvis, où sa voiture l'attendait.

Mgr Brault lui présenta l'encens et lui exprima la reconnaissance des habitants de Bayeux, pour la faveur signalée qu'elle avait daigné leur accorder en s'arrêtant au milieu d'eux.

Après être montée en voiture, Marie-Louise fit remettre à M. le Sous-Préfet Guillot, par un officier du Palais, une montre enrichie des chiffres de LL. MM. l'Empereur et l'Impératrice, pour la jeune personne qui avait prononcé le discours en lui présentant la corbeille offerte par la ville.

Le cortège de S. M. Impériale reprit sa route pour Cherbourg, en passant par les rues des Cuisiniers, Saint-Malo et de Saint-Patrice, pendant que, comme à son arrivée en ville, les cloches sonnaient et que des décharges d'artillerie étaient tirées sans interruption.

La réception à Bayeux avait duré deux heures. Il était midi lorsque le cortège arriva à la sortie de la ville, par Vaucelles, où l'ordre fut donné aux piqueurs de gagner le pont du Vey, en traversant la ville d'Isigny.

Après avoir reconduit l'Evêque au Palais épiscopal, les autorités de la ville se rendirent à la Mairie, où le Sous-Préfet remit à Mlle Glatigny-Potier, au nom de l'Impératrice, la montre et le collier de perles qui lui étaient destinés.

Entrée dans le département de la Manche

A trois heures, l'escorte était signalée au Pont-du-Vey, limite du département du Calvados et de la Manche, où l'Impératrice Marie-Louise fut reçue par le baron Bossi, préfet de la Manche, entouré de toutes les autorités de la contrée et de détachements de la garde d'honneur. M. Bossi prononça un discours qui fut souvent interrompu par la musique militaire et le bruit des sonnettes qui battaient les piles du pont du Vey, alors en construction (1).

Après cette réception officielle, le cortège entra dans le département de la Manche, traversa les villes de Carentan et de Valognes, en se dirigeant sur Cherbourg, où il arriva à 8 heures du soir.

Toutes les autorités réunies depuis longtemps reçurent l'Impératrice à l'entrée de la ville.

Des jeunes filles, vêtues de blanc, appartenant aux plus riches familles de Cherbourg et des environs, jetèrent des fleurs sur son passage.

Pendant son séjour à Cherbourg, du 27 août au 1er septembre, des fêtes furent organisées en son honneur, mais son inexactitude habituelle, paraît-il, en fit manquer une partie. Marie-Louise arriva en retard à l'inauguration du bassin, et elle manqua le feu d'artifice tiré à son intention.

Le 27 août, elle présida, à Cherbourg, l'inauguration de l'avant-port, commencé sous le règne de Louis XVI, dont le creusement venait d'être terminé, elle assista à une imposante cérémonie, l'introduction des eaux de la mer dans cet immense bassin.

(1) *Journal du département de la Manche*, du 25 août 1813.

Ce fut pour elle une belle journée et une glorieuse pour l'Empereur dont les armées remportaient, ce même jour, la célèbre bataille de Dresde.

Dans cette journée, les lieutenants de Napoléon, Murat, Saint-Cyr, Victor, Lobau et Ney, à la tête des troupes françaises, enlevèrent aux coalisés 15 à 16 mille prisonniers, 40 bouches à feu, pendant que plus de 10 mille ennemis, morts ou blessés, restaient sur le champ de bataille ; les coalisés perdaient plus de 26 mille hommes.

Les pertes françaises furent d'environ 9 mille hommes, presque tous atteints par les boulets (1).

Cette journée fut la dernière faveur de la fortune de Napoléon dans cette affreuse campagne.

(1) Thiers. *Le Consulat et l'Empire.*

Retour de Cherbourg

M. Corentin Conseil, Maire de Bayeux, ayant été prévenu que S. M. l'Impératrice traverserait Bayeux en revenant de Cherbourg, adressa la lettre ci-après au Commandant de la Garde-Nationale :

31 août 1813.

A Monsieur le Commandant de la Garde-Nationale,

D'après les renseignements que je reçois, quoique non officiellement, Sa Majesté l'Impératrice doit repasser par Bayeux, demain 1er septembre, dans l'après-midi.

Je vous invite, Monsieur, à commander un détachement convenable pour la cérémonie.

Il devra se trouver demain, à l'Hôtel de Ville, à trois heures précises après midi.

. . . .

Le même jour, la proclamation suivante fût affichée en ville.

Habitans de la ville de Bayeux,

Le retour de Sa Majesté l'Impératrice, Reine et Régente, doit avoir lieu demain 1er Septembre. S. M. doit revenir directement de Cherbourg et traverser la ville par la grande rue (1) Elle retrouvera, sur son passage, les mêmes témoignages d'amour et de respect dont vous l'avez entourée ;

(1) D'après les dispositions des Postes, tout portait à croire que le retour se ferait par St-Lô. Le Maire en avait prévenu les habitants, le 25 août, par une proclamation ; les maisons avaient été ornées de guirlandes de verdure et de fleurs. la grande voirie, dans la direction de St-Lô à Caen, avait été sablée. une tente avait été élevée à l'entrée de la ville, à St-Loup. La direction des Postes ayant été changée et placée route d'Isigny, le Maire en donna avis à la population.

vos maisons seront également décorées de guirlandes et de fleurs, comme lors de son passage.

Le Maire invite spécialement les habitans des
maisons qui se trouvent situées sur les rues Saint-
Patrice, Saint-Malo, Saint-Martin et Saint-Jean, à
faire étendre le sable, chacun devant leurs maisons, et ce, demain matin, de 8 à 9 heures.

A l'Hôtel-de-Ville, le 31 août 1813.

(*Signé*) CONSEIL.

Les habitants de Bayeux, prévenus par le
Maire que S. M. l'Impératrice, en revenant de
Cherbourg, devait faire son entrée en ville par
le quartier Saint-Patrice, tous s'empressèrent
de rétablir les décorations de leurs maisons et de
répandre le sable qui, sur la demande du Maire,
avait été relevé.

Le 1er septembre, à 3 heures de l'après-midi,
le Maire de Bayeux et son Conseil municipal se
rendirent au Palais épiscopal, où les membres
des Tribunaux civil et de commerce étaient déjà
arrivés, pour y prendre Mgr Brault, qui avait
manifesté le désir de se joindre aux autorités
bayeusaines qui devaient attendre Sa Majeste
à l'entrée de la ville.

Vers 5 heures, tout le monde officiel, précédé
et escorté d'un détachement de la garde nationale et accompagné de nombreux musiciens,
quitta l'Evêché, pour se rendre à l'entrée de la
ville, du côté d'Isigny, où une tente avait été
dressée.

Il était 6 heures 3/4, lorsque l'escorte de S. M.
Impériale fut aperçue, et que le son des cloches
et le tir des boîtes d'artillerie annoncèrent à la
population que l'Impératrice Marie-Louise allait
entrer dans la ville.

Le Maire et toutes les autorités réunies se
portèrent au-devant de la Souveraine, mais, des
ordres ayant été donnés pour que les relais se

fassent à la sortie de la ville, vers Caen, le cortège Impérial, de même qu'à son arrivée, ne s'arrêta pas ; Sa Majesté daigna faire attention aux autorités qui s'étaient rangées sur son passage (1). En traversant Bayeux, les cris de Vive l'Empereur ! Vive l'Impératrice ! Vive le Roi de Rome ! se continuèrent jusqu'à l'arrivée aux relais, tenus par la famille Laurent, au haut de la rue Saint-Jean, où se faisaient les arrêts de la Poste, établissement occupé aujourd'hui par l'école du Sacré-Cœur (2).

L'on profita de cet arrêt pour permettre aux enfants du directeur de la Porcelaine de Bayeux d'offrir à la Souveraine deux vases, dits *Jassemins Médicis*, fabriqués à son intention, pendant son séjour à Cherbourg (3).

L'aîné de ces enfants, élève au Lycée de Caen, lui adressa le discours suivant :

« Madame,

« Objet de l'amour des Français et particu-
« lièrement des bons et fidèles habitans de
« votre ville de Bayeux, permettez que nous
« déposions aux pieds de Votre Majesté deux
« vases de porcelaine de notre Manufacture,
« daignez recevoir ce faible hommage d'amour
« et de respect que nous vous présentons au
« nom de nos parents.

---

(1) Archives municipales de Bayeux.
(2) M. Pierre-Louis Laurent, maître de poste, fils de Louis Laurent, également maître de poste, était né à Bayeux, sur la paroisse Saint-Jean, le 16 mai 1762, et s'y était marié le 3 janvier 1798 (14 nivôse an VI). Son fils, M. Louis-Victor Laurent, décédé à Bayeux, le 29 mars 1865, à l'âge de 64 ans 9 mois, fut le dernier maître de poste de Bayeux.
(3) M. Langlois, qui avait été directeur de la Manufacture de porcelaine de Valognes, établie dans le couvent des Cordeliers de cette ville, s'était retiré à Bayeux à l'expiration de la société (3 juin 1812,, pour y établir sa

« Puissiez-vous, Madame, en les agréant,
« mettre le comble à leurs vœux, en leur per-
« mettant de donner à leur établissement le
« titre de *Manufacture Impériale et Royale de*
« *Votre Majesté* ».

« La joie du peuple, ses acclamations de :
Vive l'Impératrice ! l'Empereur et le Roi de Rome !
couvrirent la voix de l'enfant ; néanmoins, Sa
Majesté le comprit, puisqu'elle daigna accepter
cette faible offrande, et que la Manufacture de
Bayeux est, par une autorisation ultérieure qua-
lifiée de *Manufacture Impériale et Royale de*
S. M. l'Impératrice et Reine (1) ».

Les graves événements qui entraînèrent la
chute de l'Empire, firent que la famille Langlois
bénéficia peu du titre sollicité par elle. Plus
tard, elle remplaça ce titre par celui de « four-
nisseurs du comte d'Artois ».

Marie-Louise rentra à Caen le soir du 1er
septembre, il n'y eut aucune réception officielle,
afin qu'elle puisse se reposer des fatigues du
voyage.

Le 2, au matin, à sa sortie de Caen pour se
rendre à Lisieux, le maire et ses adjoints lui
présentèrent leurs hommages.

Les dépenses occasionnées par sa réception
s'élevèrent à 14.518 fr., dont 8.320 fr. incom-
bèrent à la ville de Caen, et 6.198 fr. au département (2).

Manufacture dans le couvent des Bénédictines, où elle est
encore aujourd'hui, route de Littry.

Le 26 mai 1811, au passage de Napoléon Ier et de
Marie-Louise, à Valognes, les clefs de la ville leur avaient
été présentées sur un plat fabriqué par M. Langlois. Ce
plat, qui porte une inscription, est conservé au Musée de
Valognes.

(1) *Affiches-Annonces de la Ville et de l'Arrondissement de Bayeux*, année 1813.

(2) Archives du Calvados.

Avant d'arriver à Lisieux, le cortège s'arrêta
à la côte Saint-Laurent, alors sur la route impériale de Cherbourg à Paris (commune de Saint-
Laurent-du-Mont, paroisse maintenant réunie
à Saint-Pair-du-Mont). — Cette côte était extrê-
mement rapide et assez dangereuse ; on a, depuis,
détourné la route nationale à partir du carrefour
Saint-Jean, par Crèvecœur et La Houblon-
nière.

Les voitures ne pouvant franchir cet endroit
en vitesse, une fête champêtre y avait été organisée, pour le passage de l'Impératrice, avec la
certitude qu'elle s'y arrêterait.

Des habitants du pays d'Auge y étaient réu-
nis en grand nombre ; vingt jeunes personnes,
vêtues de blanc, qui portaient des guirlandes
de fleurs, entourèrent la voiture de Marie-Louise
et jetèrent des fleurs sur son passage.

En arrivant à Lisieux il y eut, sous un arc de
triomphe élevé entre les boulevards d'Orbec et
de Pont-l'Evêque, une réception officielle qui
fut suivie d'un déjeuner offert à l'Impératrice.
Ce déjeuner se tint dans la maison de Le Bas
de Fryhardel, ancien receveur des tailles (1).

—

On s'entretenait encore dans Lisieux des dé-
tails de la réception que la ville venait de faire
à la Souveraine et, déjà, le carrosse impérial,
faisant route pour Paris, franchissait la limite
du Calvados, que l'Impératrice Marie-Louise ne
devait plus jamais revoir.

(2) Dubois. *Histoire de Lisieux*.

APPENDICE

APPENDICE

M. Corentin Conseil, maire de Bayeux, désirant régler les différentes dépenses incombées à
la ville pour les réceptions de l'Impératrice, les
25 août et 1ᵉʳ septembre, en demanda, par lettre,
l'autorisation au Préfet du Calvados.

15 Septembre 1813.

A M. le Préfet,

Lors du passage de Sa Majesté l'Impératrice à
Bayeux, j'ai strictement exécuté les dispositions
que vous avez ordonnées et que m'ont fait connaître
les lettres de M. le Sous-Préfet des 17-18-19-20-
23 et 24 août.

Les frais se monteront à une somme encore
assez considérable ; ils se composent du paiement
des ouvriers employés au sablement des rues, à
l'indemnité aux propriétaires des carrières de
sables, à leur transport, à la confection des tentes
à l'entrée de la ville, sous lesquelles les autorités
ont attendu l'arrivée de Sa Majesté ; à l'acquisition
d'une corbeille ; au paiement de la musique et des
tambours

La plupart des ouvriers employés ont besoin de
leur salaire ; en conséquence, en attendant la régu-
larisation de cette dépense, j'ai délivré à leur profit,
sur le Receveur municipal, des mandats appuyés
de leurs mémoires, et ce, sur l'article des dépenses
imprévues.

Veuillez me dire, M. le Préfet, si vous approuvez
ce mode, et si je dois continuer à liquider cette
dépense de cette manière.

Je suis, etc.

Corentin CONSEIL,
Maire de la ville de Bayeux.

*Détail des dépenses faites pour le passage à
Bayeux de l'Impératrice Marie-Louise, les
25 août et 1er septembre.*

(Extrait du sommier des Mandats (1813).

1° Du paiement de 1,020 voitures de
   sable, compris les prix des sables,
   à raison de 70 centimes. 716 fr.10
2° Pour les ouvriers qui ont travaillé
   aux sables.   88   35
3° Pour construction d'une tente aux
   portes de la ville, pour les autori-
   tés, et diverses fournitures.   199   11
4° Façon de guirlandes de verdure et
   décoration des édifices publics. . . .   12   47
5° Façon et fourniture d'une corbeille
   présentée par les jeunes personnes
   de la ville.   172   » »
6° Pour les tambours et la musique. . .   120   » »

                       Total. 1.308   03

Dans sa séance du 5 mai 1814, le Conseil
municipal de Bayeux approuva les comptes de
gestion de 1813, ainsi que les dépenses non pré-
vues, ayant eu pour objet le passage à Bayeux
de l'Impératrice Marie-Louise, lesquelles dépenses s'élevaient à la somme de 1.308 fr. 03.

Dans cette même séance, le Conseil décida
d'envoyer une adresse au duc de Berry.

Le Maire de Bayeux n'avait pas attendu jusqu'à ce jour pour offrir l'encens au Roi : le 10
avril, au lendemain de la proclamation, à Caen,
de l'avènement de Louis XVIII, M. Corentin
Conseil avait adressé l'appel ci-après aux habitants de Bayeux :

Le Maire de la Bayeux aux habitans
de la ville,

Habitans,

« L'instant est arrivé où nos cœurs peuvent
« s'ouvrir au bonheur : le Sénat français, dans
« ses mémorables séances des premiers jours de
« ce mois, a préparé les grands événements poli-
« tiques qui assurent la paix à la France.

« Louis XVIII a été proclamé hier dans le
« chef-lieu de ce département ; ne donnons plus
« de borne à notre joie, vos magistrats vous en
« donneront l'exemple.

« Tous, nous illuminerons, ce soir, nos mai-
« sons, et nous ferons entendre les cris de Vive
« le Roy ! »

A l'Hôtel-de-Ville, le 10 avril 1814.

(Signé) CONSEIL.

Le Gouvernement ayant changé, le Maire de
Bayeux et ses Conseillers s'efforcèrent d'oublier
les protestations de dévouement prodiguées par
eux au passage de l'Impératrice Marie-Louise.

Ces braves gens, imitant le meunier Sans-
Souci, retournèrent leur aile dans la direction
du vent gouvernemental, et..... y vécurent
contents.

Adolphe MICHEL.

<hr>

Notice publiée dans l'Indicateur de Bayeux (N^{os} du
26 Août au Vendredi 12 Septembre 1913). Prix : 1 fr. 50.

82

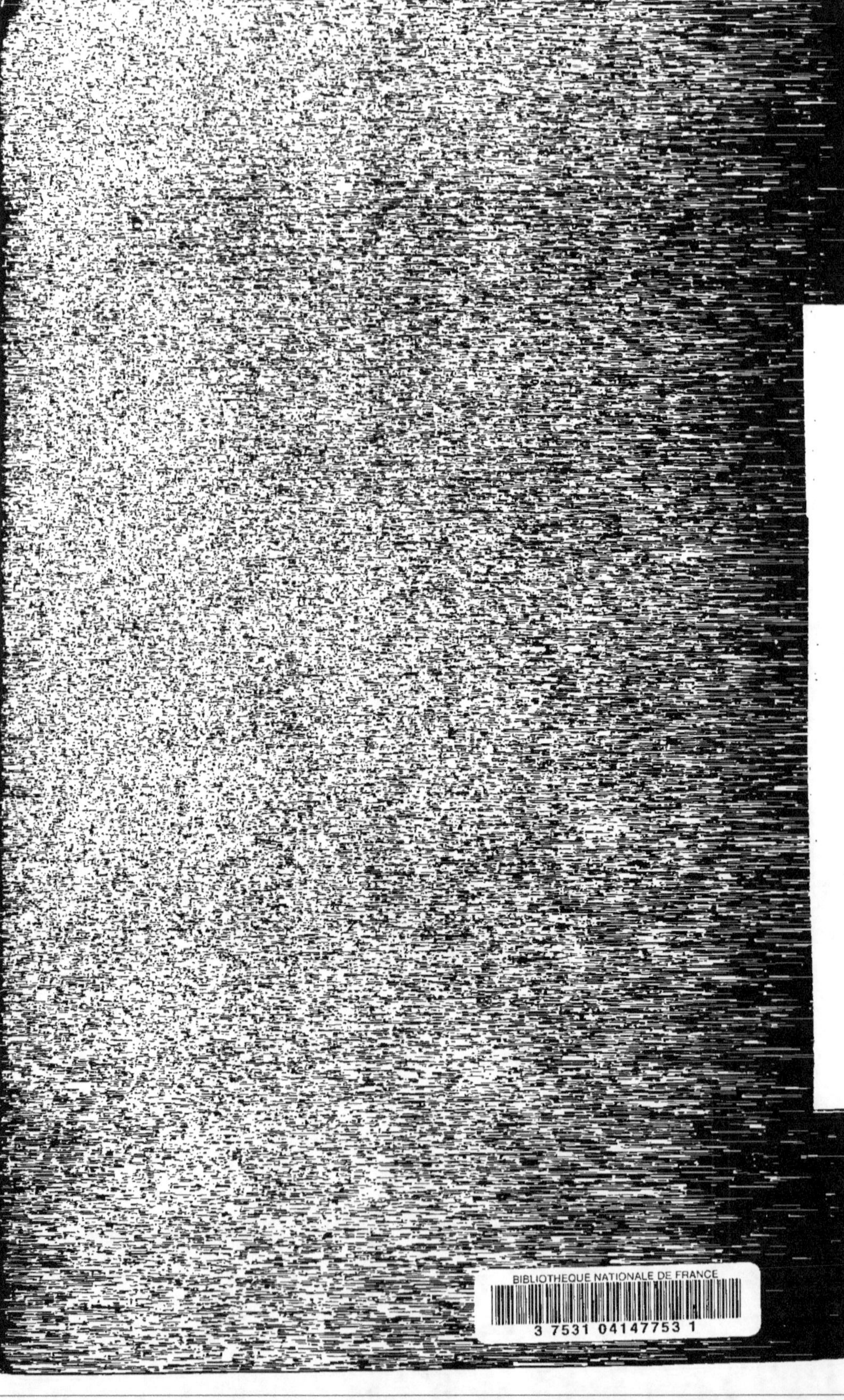